AFIRMACIONES DE AMOR PROPRIO PARA CHICAS ADOLESCENTES

101 AFIRMACIONES PODEROSAS PARA AUMENTAR LA AUTOESTIMA, MEJORAR LA IMAGEN CORPORAL Y FOMENTAR EL BIENESTAR EMOCIONAL

Y.D. GARDENS

THE EMERALD
SOCIETY

UN REGALO ESPECIAL PARA MIS LECTORES

Visite emeraldsocpublishing.com para descargar tu ejemplar GRATUITO.

DEJA UNA OPINIÓN

No te olvides de compartir el amor y **dejar tu reseña en Amazon** para:

Afirmaciones de amor propio para chicas adolescentes:
101 afirmaciones poderosas para aumentar la autoestima, mejorar la imagen corporal y fomentar el bienestar emocional.

INTRODUCCIÓN

C ada mañana, cuando el sol despierta al mundo con su toque dorado, un espejo refleja en algún lugar la imagen de una joven que intenta encontrar su lugar en el vasto universo. Tal vez note un nuevo grano o alguna otra imperfección natural, compare su cuerpo con el de una modelo photoshopeada o desee ser "más lista", "más guapa" o simplemente "mejor".

¿Reconoces a esta chica? ¿Te suena su historia? Si es así, este libro encierra la magia para transformar tus reflexiones.

He aquí una verdad alarmante: 7 de cada 10 chicas creen que no son lo bastante buenas en algún aspecto. Ya sea por su aspecto, sus notas o sus relaciones, los años de la adolescencia son tumultuosos en muchos sentidos y pueden ser algunos de los momentos más difíciles para la autoestima.

El paso de la adolescencia a la edad adulta es un torbellino de emociones, cambios y desafíos. A menudo, la voz más fuerte que oímos no es la de los amigos, la familia o los medios de comunicación, sino nuestra propia voz autocrítica.

Pero, ¿y si esa voz pudiera ser nuestra mejor aliada?

Si has cogido este libro, es probable que tú también hayas sentido el aguijón de la duda sobre ti misma o hayas deseado ver a la persona del espejo con un poco más de amabilidad.

Entonces, ¿qué queremos decir cuando hablamos de amor propio y autoestima? En esencia, el **amor propio** es el aprecio, el respeto y la aceptación de uno mismo. Se trata de entender que eres digna, tal como eres, y merecedora de amor, respeto y todas las cosas buenas que la vida tiene que ofrecer.

Por otro lado, **la autoestima** es la confianza en tu propia valía y capacidades. Es el susurro silencioso que te dice que puedes, incluso cuando el mundo sugiere que no puedes; Un barómetro de cuánto te valoras, apruebas y crees en ti misma. Juntos, el amor propio y la autoestima, forman los cimientos sobre los que construimos nuestras relaciones, afrontamos los retos y evolucionamos hasta convertirnos en las mujeres increíbles que estamos destinadas a ser.

Sin embargo, en la cacofonía de la adolescencia, en medio del torbellino de expectativas sociales, presiones de los compañeros y aspiraciones personales, ese susurro puede enmudecer.

Ahí es donde entran en juego **las autoafirmaciones**.

Al igual que las semillas diminutas, cuando se nutren, estas afirmaciones pueden convertirse en poderosos árboles de confianza y autoestima. Decirte a ti misma una y otra vez que eres fuerte, capaz y merecedora, no sólo ahoga la voz negativa, sino que reprograma tu cerebro y crea vías neuronales positivas.

Estas poderosas afirmaciones positivas son mucho más que frases para sentirse bien: están respaldadas por la ciencia. Y, a medida que te conviertas en una joven adulta, segura de sí misma y completa, estas afirmaciones se convertirán en tu armadura contra los desafíos del mundo. Créeme, he pasado por eso. Por ello, te ofrezco este libro como guía en tu viaje transformador. En las siguientes páginas encontrarás 101 poderosas afirmaciones que pretenden reforzar tu autoestima, mejorar tu imagen corporal y alimentar tu bienestar emocional. Cada afirmación es un peldaño para **descubrir tu verdadero yo**, que te conducirá a un futuro en el que te verás como la persona única e increíble que realmente eres.

Escucha estas afirmaciones y léelas una y otra vez: cuanto más las repitas, mejor. Para dar un paso más en tu camino hacia el amor propio, utiliza esta herramienta como diario y anota tus pensamientos y sentimientos relacionados con cada afirmación en el espacio de cada página.

Así que, querida, esto es todo: Este libro es tu guía al transformador mundo de las autoafirmaciones, allanando el camino para descubrir la mejor versión de ti misma.

Estas 101 afirmaciones han sido cuidadosamente seleccionadas para que se ajusten a tus retos, deseos y aspiraciones particulares: ¡todo lo que conlleva ser una adolescente!

Recuerda que nutres tu mente y tu alma afirmando tu valía, creando así un camino para convertirte en una adulta segura de sí misma, feliz y completa. Acepta este viaje, porque es hermoso. Y recuerda que la relación más importante que tendrás jamás, es contigo misma. Hagamos que sea amorosa.

¿Estás preparada para embarcarte en este viaje de autodescubrimiento, aceptación y amor sin límites? Porque el mundo te necesita, en toda tu gloria radiante y empoderada.

CONSEJOS Y RECORDATORIOS

Navegar por el intrincado laberinto de la adolescencia no es tarea fácil, y las afirmaciones son una de las muchas herramientas que puedes utilizar para encontrar el camino. A medida que recorres este libro y comienzas a adoptar el poder de las afirmaciones de amor propio, ten en cuenta que el verdadero cambio requiere tiempo, paciencia y constancia. Por ello, he recopilado una breve lista de consejos adicionales que debes tener en cuenta para aprovechar al máximo estas afirmaciones.

1. **La clave es la constancia:** Decir una afirmación una vez está bien; convertirla en un ritual diario es transformador. La repetición regular potenciará su impacto en tu mentalidad.

2. **Sé paciente y amable contigo misma:** Cambiar creencias y patrones de pensamiento profundamente arraigados no es cosa de un día para otro. Sé paciente y recuerda tratarte a ti misma

con la misma amabilidad con la que tratarías a una querida amiga.

3. **Siente tus emociones:** Cuando recites una afirmación, intenta sentir realmente su esencia. Encarna la emoción y visualiza su verdad manifestándose en tu vida. Deja que tus sentimientos -buenos o malos- fluyan a través de ti, y acógelos con amorosa compasión.

4. **Practica la atención plena:** Combinar las afirmaciones con prácticas de atención plena como la meditación o la respiración profunda, puede amplificar sus efectos. Esto te ayudará a asentarte y a crear una sensación de calma.

5. **Escribe tu viaje:** Se ha demostrado que escribir un diario es una excelente forma de tomar conciencia de uno mismo y fomentar el crecimiento personal. Puedes utilizar estas páginas para documentar tus sentimientos, experiencias y progresos.

6. **Celebra las pequeñas victorias:** Cuando notes un cambio en tu estado de ánimo, perspectiva o nivel de confianza, celébralo. Cada paso adelante, por pequeño que sea, es un progreso.

7. **Busca ayuda profesional si la necesitas**: Si estás luchando intensamente con problemas de autoestima o de imagen corporal, o si persisten los sentimientos de tristeza y desesperanza, es esencial que busques orientación profesional. Las afirmaciones son una herramienta, pero la terapia o el asesoramiento psicológico pueden proporcionar una visión más profunda y una variedad de estrategias de afrontamiento saludables.

Tu camino hacia el amor propio y el empoderamiento es único, hermoso y está en constante evolución. A medida que avances, recuerda que el camino no siempre es lineal.

Habrá altibajos, momentos de duda y momentos de confianza inquebrantable.

Abraza cada fase, sabiendo que cada experiencia contribuye al increíble tapiz de tu vida.

101 AFIRMACIONES DE AMOR PROPIO

> *Hace falta coraje para crecer y convertirte en quien realmente eres.*
>
> —*E.E. CUMMINGS*

1

Soy suficiente, tal como soy.

—❖—

2

Cada reto al que me enfrento me ayuda a hacerme más fuerte.

❖

3

Acepto mi viaje único y las lecciones que me aporta.

— ❖ —

4

Mis sueños y deseos son válidos.

———— ❖ ————

5

Soy digna de amor, respeto y bondad.

—❖—

6

Mi cuerpo es un templo que merece cuidado y admiración.

— ❖ —

7

Soy más que mi apariencia; mi alma y mi espíritu brillan
intensamente.

— ❖ —

8

Tengo el poder de cambiar, evolucionar y prosperar.

—❖—

9

Mi voz importa y merece ser escuchada.

———❖———

10

Confío en el proceso de la vida y en el lugar que ocupo en él.

— ❖ —

11

Celebro mis logros, grandes o pequeños.

❖

12

Cada día me convierto en una versión mejor de mí misma.

❖

13

Dejo de lado la necesidad de validación externa; me valido a mí misma.

—❖—

14

Mi potencial es ilimitado.

———❖———

15

Merezco todas las oportunidades que se me presenten.

❖

16

Me rodeo de positividad y dejo ir la energía negativa.

—❖—

17

Mis emociones son válidas y me enseñan sobre mí misma.

—❖—

18

Soy resiliente, capaz y puedo superar los retos.

—❖—

19

Irradio amor, fuerza y confianza.

❖

20

No me define mi pasado, sino mi presente.

—❖—

21

Merezco la felicidad, el amor y el éxito.

— ❖ —

22

Confío en mi sabiduría interior.

—❖—

23

Soy una mezcla única de fuerza, belleza e inteligencia.

❖

24

Mis defectos no me definen; me hacen ser quien soy.

———❖———

25

Cada día tomo decisiones que contribuyen a mi bienestar.

❖

26

Creo en mis sueños y doy pasos hacia ellos a diario.

———❖———

27

Estoy rodeada de amor, e irradio amor a cambio.

❖

28

Yo no soy mis errores; aprendo y crezco a partir de ellos.

—❖—

29

Mi viaje es único y abrazo cada parte de él.

---❖---

30

Soy la creadora de mi destino.

—❖—

31

Elijo centrarme en mis puntos fuertes y no en las debilidades que percibo.

—❖—

32

Libero la necesidad de ser perfecta.

—❖—

33

Merezco alegría, paz y plenitud.

— ❖ —

34

Mis pensamientos y sentimientos son valiosos.

— ❖ —

35

Merezco el amor que doy a los demás.

❖

36

Estoy creciendo, evolucionando y aprendiendo cada día.

❖

37

Honro mis emociones y me doy espacio para sentir.

❖

38

Soy un faro de luz y esperanza.

— ❖ —

39

Los demás no determinan mi valía.

—❖—

40

Soy poderosa sin medida.

—❖—

41

Soy un imán para la energía positiva.

❖

42

Acepto el cambio como una oportunidad de crecimiento.

———❖———

43

Yo controlo mi felicidad y mi bienestar.

—❖—

44

Me quiero y me acepto incondicionalmente.

❖

45

Soy una fuerza de la naturaleza, imparable en mis propósitos.

— ❖ —

46

Mis opiniones y creencias son válidas.

—❖—

47

Merezco respeto y comprensión.

❖

48

Cultivo un espacio de amor propio y autocuidado.

— ❖ —

49

Se me permite equivocarme y cometer errores.

—❖—

50

Soy valiente, audaz y hermosa.

❖

51

Admiro y celebro mi verdadero yo.

—❖—

52

Confío en mi camino y propósito únicos.

———❖———

53

Soy la heroína de mi propia historia.

—❖—

54

Confío en mi intuición para que me guíe.

❖

55

Soy una obra maestra, en constante evolución.

——❖——

56

Estoy rodeada de abundancia y prosperidad.

—— ❖ ——

57

Creo en el poder de mis sueños.

—❖—

58

Soy un reflejo de fuerza, amor y gracia.

---❖---

59

Soy un imán para la positividad y las buenas vibraciones.

———❖———

60

Quiero y respeto mi cuerpo.

❖

61

Soy un pozo de sabiduría y perspicacia.

—❖—

62

Mi corazón está abierto a recibir amor y bondad.

❖

63

Celebro mi individualidad y singularidad.

—❖—

64

Hoy elijo ser amable conmigo misma.

—❖—

65

Merezco que me traten con amor y respeto.

———❖———

66

Acepto las infinitas posibilidades.

———❖———

67

Libero la necesidad de perfección.

❖

68

Soy una guerrera que se enfrenta a todos los retos.

❖

69

Dejo ir las creencias limitantes.

❖

70

Amo cada parte de mí, la que se ve y la que no se ve.

❖

71

Estoy en constante crecimiento, aprendizaje y evolución.

❖

72

Soy merecedora de todas las bendiciones que me llegan.

—❖—

73

Merezco amor incondicional.

❖

74

Soy una fuente de inspiración
para los demás.

❖

75

Estoy en un camino de autodescubrimiento.

—❖—

76

Creo en la magia que llevo dentro.

— ❖ —

77

Merezco tiempo, cuidado y atención.

— ❖ —

78

Me siento capacitada para tomar decisiones positivas.

— ❖ —

79

Soy digna de alegría y felicidad.

———❖———

80

Confío en mi intuición y en la sabiduría que me ofrece.

---❖---

81

Merezco amor, tal como soy.

❖

82

Estoy en constante expansión, crecimiento y evolución.

— ❖ —

83

Mi espíritu es indomable y feroz.

❖

84

Soy una fuente de fuerza, amor y gracia.

———❖———

85

Soy luz radiante, que brilla intensamente a través de mi esencia.

—❖—

86

Puedo crear mi propio destino.

—❖—

87

Amo, respeto y aprecio mi mente y mi corazón.

— ❖ —

88

Merezco amor, bondad y compasión de mí misma.

❖

89

Soy merecedora de éxito y logros.

❖

90

Abrazo la belleza de mi yo auténtico.

———❖———

91

Hoy elijo estar presente en cada momento.

———❖———

92

Confío en mi viaje, incluso cuando el camino no está claro.

—❖—

93

Estoy abierta al flujo de la vida.

———❖———

94

Soy un tapiz de experiencias, sueños y amor.

— ❖ —

95

Estoy capacitada para crear
cambios positivos.

❖

96

Soy digna de todo el amor que deseo.

—❖—

97

Creo en mi valía, incluso cuando otros no lo hacen.

❖

98

Soy un símbolo de fuerza, resiliencia y belleza.

—❖—

99

Soy un río de coraje, sabiduría y amor.

—❖—

100

Libero la necesidad de ser perfecta en todo lo que hago.

— ❖ —

101

Amo y celebro la persona única que soy.

— ❖ —

IMAGINA Y CREA

Tú creas tus pensamientos, tus pensamientos crean tus intenciones y tus intenciones crean tu realidad.

- DR. WAYNE DYER

NOTA FINAL

¡Me encantaría conocer tu opinión…!

¡Hola preciosa!

C omo autora independiente con un presupuesto de marketing reducido, **las reseñas** son mi medio de vida en esta plataforma. Si te ha gustado este libro, te agradecería mucho que dejaras tu opinión sincera.

Puedes hacerlo haciendo clic en el enlace a este libro *Afirmaciones de amor propio para chicas adolescentes* en www.amazon.com.

Además, puedes unirte a nuestra comunidad de bienestar a través de https://www.facebook.com/groups/theemeraldso ciety, o ponerte en contacto conmigo directamente en ydgardens@emeraldsocpublishing.com.

LEO PERSONALMENTE TODAS Y CADA UNA DE LAS RESEÑAS, y me llena de alegría recibir noticias de mis lectores.

Con amabilidad,

Yas

THE EMERALD
SOCIETY

NUESTRA TRIBU

¡Únete a nuestra tribu!

¡CONSULTA OTROS LIBROS DE Y.D. GARDENS!

Growing Into You: A Guide to Living Authentically - Find Purpose and Belonging by Stepping Away from Your Shadow and Back into Yourself

Growing Stronger: Cultivate Inner Peace & Stand Out by Becoming the Best Version of Yourself

Awakening to Authenticity Collection: Find Purpose, Cultivate Inner Peace and Stand Out by Becoming the Best Version of Yourself

The Well-Being Handbook: A Complete Guide to Optimal Wellness, Positive Habits & Holistic Self-Care

. . .

Embracing Your Darkness: An Intuitive Woman's Guide to Empowerment, Holistic Healing & Spiritual Growth Through Shadow Work

M*anifesting The One: 101 Affirmations to Attract Your Soulmate and Manifest True & Abundant Love*

STEPPING INTO THE SHADOWS: 33 THINGS TO KNOW *Before Starting Your Shadow Healing Journey*

SHADOW HEALING JOURNAL & WORKBOOK: 201 POWERFUL *Affirmations to Support Your Mind, Body & Soul Throughout Your Shadow Work Journey*

MÁS REGALOS

Para recibir más libros GRATIS de Y.D. Gardens, visita
emeraldsocpublishing.com

www.ingramcontent.com/pod-product-compliance
Lightning Source LLC
Chambersburg PA
CBHW051733040426
42447CB00008B/1109